Pfanne & Wok

Abwechslungsreiche Rezepte, die einfach gelingen

PFANNtastisch gut

Von cremigem Geschnetzelten über deftiges Chili
con Carne bis hin zu Paella mit Meeresfrüchten –
hier gibt es die besten Rezepte, die man in nur einer
Pfanne kochen kann.

56 Jetzt wird geWOKt

Hier kommt alles aus dem Wok!
Asiatische Klassiker wie Nasi Goreng
und Gebratene Nudeln finden Sie in
diesem Kapitel genauso wie
Orientalischen Couscous oder
Chilinudeln mit Gambas.

Zutatenlisten aller Rezepte
als Einkaufszettel direkt auf Ihr Handy!

So geht's: QR-Code-Reader im Handy aufrufen und QR-Code scannen. Ein Link führt
Sie zur Kapitelübersicht und später zu der
Zutatenliste. Handy mit in den Supermarkt
nehmen und Einkaufszettel jederzeit
aufrufen.

Voraussetzung: internetfähiges Handy
mit Kamerafunktion und installierter
QR-Code-Reader-App. Durch die Nutzung
des Internets können, abhängig von Ihrem
Mobilfunkvertrag, Kosten entstehen.

Rezeptinfos:

ProPoints ® Wert
und zusätzlich kJ / kcal
pro Person

Fertig in: entspricht dem kompletten
Zeitaufwand inkl. Back-, Gar-,
Marinierzeit etc.

Davon aktiv: entspricht dem Zeitaufwand
der Vorbereitung wie
Schneiden, Rühren etc.

Die richtige Ernährung
ist der erste Schritt!

Schön, dass Sie sich für eins unserer Kochbücher entschieden haben und damit für eine gesunde und ausgewogene Ernährung. Denn dafür steht Weight Watchers immerhin schon seit mehr als 40 Jahren in Deutschland.

Weight Watchers ist weit mehr als eine Diät. Es ist ein ganzheitliches, flexibles Ernährungsprogramm. Neben einer Ernährungsumstellung sind auch Bewegung und persönliche Unterstützung wichtige Bestandteile unseres Konzeptes.

Wir bieten Coachings in wöchentlichen Treffen an, wo jeder Interessierte kennenlernen kann, wie abwechslungsreiche Ernährung und Bewegung dazu beitragen können, lange gesund und leistungsfähig zu bleiben. Und auch erfolgreich sein Wunschgewicht zu erreichen. Wenn Sie mehr der Online-Typ sind, ist Weight Watchers Online vielleicht etwas für Sie – hier gibt es Zugriff auf die besten interaktiven Tools für eine erfolgreiche Abnahme, und die App für unterwegs gibt es automatisch dazu.

Denjenigen, die es individueller gestalten möchten, bieten wir auch persönliche Coachings an.

Unser Ziel ist es, ganz einfach Menschen für einen aktiven und ausgewogenen Lebensstil zu begeistern – dazu gehört auch ein gesundes Körpergewicht. Das Weight Watchers Programm basiert auf aktuellen wissenschaftlichen Erkenntnissen und langer Erfahrung. Es bietet ein Höchstmaß an Flexibilität und Alltagstauglichkeit.

Die Weight Watchers Kochbücher sind die perfekte Ergänzung auf dem eigenen Weg zum Wunschgewicht. Mit unkomplizierten Rezepten wird Kochen einfach zum Vergnügen! Die leckeren Gerichte sind problemlos nachzukochen und gelingen immer. Und das mit frischen Zutaten, die Sie in jedem gut sortierten Supermarkt erhalten. Dabei müssen Sie auf nichts verzichten und können gleichzeitig Familie und Freunde mit abwechslungsreichen Weight Watchers Gerichten verwöhnen. Unsere Fertiggerichte und Snacks runden unser Angebot ab und sind eine gesunde und schnelle Alternative im stressigen Alltag.

Wie das Weight Watchers Programm funktioniert, schildert Ihnen Sarah auf Seite 110 – 111.

Wir wünschen Ihnen gutes Gelingen und guten Appetit!

Ihr Weight Watchers Team

PFANNtastisch gut

Kurzgebratene Rinderfiletstreifen mit aromatischen Waldpilzen, würziges Putengyros mit knackigem Spitzkohl und mariniertes Zitronenhähnchen – in Kombination mit Pasta, Kartoffeln, Reis und Co. immer ein Genuss!

Gemüsepilaw mit Tatar

Fertig in: 30 Minuten
Davon aktiv: 20 Minuten

Für 1 Person:
3 EL Frischkäse,
bis 1 % Fett absolut
1 EL gehackter Koriander
1 TL Limettensaft
Salz
150 g Blumenkohlröschen
1 Zwiebel
1 Karotte
50 g trockener Minutenreis
1 TL Pflanzenöl
100 g Tatar
225 ml Gemüsebrühe
(1 TL Instantpulver)
1/2 TL Kurkuma
1/2 TL Currypulver
1 Msp. Kreuzkümmel
1 TL Rosinen
Pfeffer

1. Für den Korianderdip Frischkäse mit Koriander und Limettensaft verrühren und mit Salz abschmecken. Blumenkohlröschen waschen und kleiner schneiden. Zwiebel und Karotte schälen. Zwiebel würfeln. Karotte in Scheiben schneiden. Reis nach Packungsanweisung in Salzwasser garen.

2. Öl in einer Pfanne erhitzen und Tatar darin krümelig anbraten. Blumenkohlröschen, Karottenscheiben und Zwiebelwürfel hinzufügen und ca. 2–3 Minuten mitbraten. Mit Brühe ablöschen, mit Kurkuma, Currypulver und Kreuzkümmel würzen und zugedeckt ca. 10–12 Minuten köcheln lassen. Reis mit Rosinen unterheben und mit Salz und Pfeffer abschmecken. Gemüsepilaw mit Korianderdip servieren.

pro Person
10 ProPoints Wert ® | 1985 kJ
475 kcal

Wenn Sie lieber auf Fleisch verzichten möchten, ...
... ersetzen Sie das Tatar durch 150 g zusätzliche Broccoliröschen. Der *ProPoints*® Wert pro Person reduziert sich auf 7 (1651 kJ / 395 kcal).

Rotkohl-Schnitzel-Pfanne mit Apfel

Fertig in: 30 Minuten
Davon aktiv: 20 Minuten

Für 2 Personen:
400 g festkochende Kartoffeln
Salz
2 Schalotten
1 säuerlicher Apfel,
z. B. Cox Orange
240 g Schweineschnitzel
2 TL Pflanzenöl
400 g Rotkohl (TK)
Pfeffer
1/2 TL Kümmel

pro Person
8 ProPoints Wert
1722 kJ
412 kcal

1. Kartoffeln schälen, in Würfel schneiden und in Salzwasser ca. 15 Minuten garen. Schalotten schälen und fein würfeln. Apfel waschen, vierteln, entkernen und in Würfel schneiden. Schweineschnitzel trocken tupfen und in Streifen schneiden.

2. Öl in einer Pfanne erhitzen, Schalottenwürfel und Schnitzelstreifen darin ca. 2 Minuten anbraten. Apfelwürfel zufügen und kurz mitbraten. Rotkohl zufügen, mit Salz, Pfeffer und Kümmel würzen und zugedeckt ca. 10 Minuten schmoren. Kartoffelwürfel abgießen und unterheben. Mit Salz und Pfeffer abschmecken und Rotkohl-Schnitzel-Pfanne servieren.

Wenn es schnell gehen soll, ...

... probieren Sie einen Klassiker der deutschen Küche: das cremige **Weight Watchers** Jägerschnitzel.

Zucchinipfanne mit Zitronenhähnchen

Fertig in: 65 Minuten
Davon aktiv: 30 Minuten

Für 2 Personen:
240 g Hähnchenbrustfilet
1 unbehandelte Zitrone
1 Knoblauchzehe
Salz
2 Zucchini
400 g mehligkochende
Kartoffeln
4 schwarze Oliven ohne Stein
2 TL Pflanzenöl
Pfeffer
250 ml Gemüsebrühe
(1 TL Instantpulver)
1 TL gehackte Petersilie

pro Person
9 ProPoints Wert
1734 kJ
415 kcal

1. Hähnchenbrustfilet abspülen, trocken tupfen
und in Streifen schneiden. 1 Teelöffel Zitronenschale
abreiben und Zitrone auspressen. Für die Marinade
Knoblauch pressen und mit Zitronensaft, -schale
und 1/2 Teelöffel Salz verrühren. Marinade und Hähnchenbruststreifen in einen Gefrierbeutel geben, gut
verkneten und im Kühlschrank ca. 30 Minuten marinieren. Zucchini waschen. Kartoffeln schälen und
mit Zucchini würfeln. Oliven in Ringe schneiden.

2. Hähnchenbruststreifen abtropfen lassen. Öl
in einer Pfanne erhitzen, Hähnchenbruststreifen
darin ca. 4–5 Minuten rundherum anbraten, salzen,
pfeffern und herausnehmen. Kartoffelwürfel im
Bratensatz ca. 1–2 Minuten anbraten, mit Brühe
ablöschen und zugedeckt ca. 10–12 Minuten garen.
Zucchiniwürfel dazugeben und weitere ca. 5 Minuten
garen.

3. Olivenringe, Petersilie und Hähnchenbruststreifen
unterheben und aufkochen. Zucchinipfanne mit
Salz und Pfeffer abschmecken und nach Wunsch
mit Zitronenspalten garniert servieren.

Zander mit Blumenkohl

Fertig in: 35 Minuten
Davon aktiv: 20 Minuten

Für 2 Personen:
2 getrocknete Tomaten ohne Öl
225 ml Gemüsebrühe
(1 TL Instantpulver)
500 g Blumenkohlröschen
1 Zwiebel
1 Bund glatte Petersilie
1 EL gehackte Walnüsse
1 kleine Knoblauchzehe
Salz
Pfeffer
1 TL Pflanzenöl
1/2 TL Kurkuma
50 ml Weißwein
250 g Zanderfilet
1 TL Senf
1 Prise geriebene Muskatnuss
1 TL Zitronensaft
3 EL Crème légère
4 Scheiben Baguette

1. Getrocknete Tomaten in 75 ml Brühe ca. 10 Minuten einweichen. Blumenkohlröschen waschen. Zwiebel schälen und würfeln. Für das Pesto Petersilie waschen und trocken schütteln. Einige Stängel Petersilie hacken und beiseitestellen. Restliche Petersilie mit Tomaten samt Tomatensud, Walnüssen und Knoblauch pürieren und mit Salz und Pfeffer abschmecken.

2. Öl in einer Pfanne erhitzen und Zwiebelwürfel darin glasig dünsten. Blumenkohlröschen und Kurkuma dazugeben, mit Wein und restlicher Brühe ablöschen und zugedeckt ca. 10–12 Minuten garen. Zanderfilet abspülen, trocken tupfen, in grobe Stücke schneiden und mit etwas Pesto bestreichen.

3. Blumenkohl mit restlicher Petersilie, Senf, Muskatnuss, Zitronensaft und Crème légère verfeinern und mit Salz und Pfeffer abschmecken. Zanderstücke auf dem Gemüse verteilen und zugedeckt ca. 5–6 Minuten gar ziehen lassen. Mit restlichem Pesto und Baguette servieren.

pro Person
9 ProPoints Wert

1822 kJ
436 kcal

Chili-con-Carne-Pfanne

Fertig in: 30 Minuten
Davon aktiv: 20 Minuten

Für 4 Personen:
2 Zwiebeln
4 rote Paprika
2 TL Pflanzenöl
400 g Tatar
1 Knoblauchzehe
800 g passierte Tomaten
(Konserve)
250 ml Gemüsebrühe
(1 TL Instantpulver)
200 g trockener Minutenreis
1 Dose Kidneybohnen
(250 g Abtropfgewicht)
1 Dose Mais
(285 g Abtropfgewicht)
Salz
Pfeffer
1/4 TL Kreuzkümmel
1/2 TL Chilipulver
1 EL Paprikapulver
einige Tropfen Tabasco

1. Zwiebeln schälen. Paprika waschen, entkernen und mit Zwiebeln würfeln. Öl in einer Pfanne erhitzen und Tatar darin krümelig anbraten. Knoblauch dazupressen, Paprika- und Zwiebelwürfel unterheben und ca. 5 Minuten mitbraten. Mit Tomaten und Brühe ablöschen, Reis dazugeben und ca. 10 Minuten darin garen.

2. Kidneybohnen abspülen und mit Mais abtropfen lassen. Mais und Kidneybohnen unter den Reis heben und kurz erwärmen. Chili-con-Carne-Pfanne mit Salz, Pfeffer, Kreuzkümmel, Chili-, Paprikapulver und Tabasco würzen. Nach Wunsch mit glatter Petersilie bestreut servieren.

pro Person
11
ProPoints Wert
2295 kJ
549 kcal

Für eine vegetarische Variante ...

... lassen Sie das Tatar weg und streuen 200 g Schafskäsewürfel light über das Chili. Der *ProPoints*® Wert pro Person ändert sich nicht (2228 kJ / 533 kcal).

Putengyrospfanne mit Spitzkohl

Fertig in: 50 Minuten
Davon aktiv: 25 Minuten

Für 2 Personen:
1/2 Spitzkohl (ca. 300 g)
Salz
240 g Putenschnitzel
2 TL Gyrosgewürz
2 TL Olivenöl
je 1 rote und grüne Paprika
1/2 TL Paprikapulver
300 ml Gemüsebrühe (1 TL Instantpulver)
120 g trockener Minutenreis
Pfeffer

1. Spitzkohl putzen, halbieren, den Strunk entfernen und Kohl in Streifen schneiden. Kohlstreifen mit 1/2 Teelöffel Salz verkneten und ca. 15 Minuten ziehen lassen. Putenschnitzel abspülen, trocken tupfen und in Streifen schneiden. 1 Teelöffel Gyrosgewürz mit Öl vermischen, mit Putenstreifen in einen Gefrierbeutel geben, gut verkneten und im Kühlschrank ca. 10 Minuten marinieren. Paprika waschen, entkernen und würfeln.

2. Pfanne erhitzen, Putenstreifen darin ca. 2–3 Minuten rundherum anbraten und herausnehmen. Kohlstreifen abtropfen lassen und mit Paprikawürfeln, Paprikapulver und restlichem Gyrosgewürz im Bratensatz ca. 2–4 Minuten andünsten.

3. Gemüse mit Brühe ablöschen, Reis dazugeben und ca. 12–15 Minuten garen. Putenstreifen unterheben und kurz erwärmen. Putengyrospfanne mit Salz und Pfeffer abschmecken und servieren.

 pro Person | 2069 kJ
| 495 kcal

Nudelpfanne mit Pestocreme

Fertig in: 20 Minuten
Davon aktiv: 20 Minuten

Für 2 Personen:
120 g trockene Farfalle
Salz
1 Bund Basilikum
30 g Rucola
2 EL saure Sahne
1 EL geriebener Parmesan
1 TL Pinienkerne
50 ml Gemüsebrühe (2 Prisen Instantpulver)
Pfeffer
1 Schalotte
250 g Cocktailtomaten
2 Stangen Staudensellerie
1 TL Olivenöl
1 Knoblauchzehe
100 g Mini-Mozzarella light

1. Nudeln nach Packungsanweisung in Salzwasser garen. Für die Pestocreme Basilikum und Rucola waschen. Basilikum trocken schütteln, Rucola trocken schleudern und mit saurer Sahne, Parmesan, Pinienkernen und Brühe pürieren. Pestocreme mit Salz und Pfeffer abschmecken. Schalotte schälen und würfeln. Tomaten und Sellerie waschen. Tomaten halbieren und Sellerie in Scheiben schneiden. Nudeln abgießen.

2. Öl in einer Pfanne erhitzen, Knoblauch dazupressen und mit Schalottenwürfeln und Selleriescheiben darin ca. 5 Minuten anbraten. Mozzarella abtropfen lassen, mit Nudeln, Tomatenhälften und Pestocreme in die Pfanne geben und kurz erwärmen. Nudelpfanne mit Salz und Pfeffer abschmecken und servieren.

 pro Person | 1714 kJ
| 410 kcal

Bunte Zitronentagliatelle

Fertig in: 25 Minuten
Davon aktiv: 20 Minuten

Für 4 Personen:
3 Zitronen
Salz
200 g trockene Tagliatelle
1 Bund Frühlingszwiebeln
4 Zucchini
300 g Cocktailtomaten
3 Karotten
1 TL Olivenöl
3 EL geriebener Parmesan
Pfeffer
1 TL gehackter Thymian
1 TL gehackter Oregano
2 Msp. Chiliflocken

| 1346 kJ |
| 322 kcal |

1. Zitronen auspressen. Salzwasser mit Zitronensaft würzen und Nudeln darin nach Packungsanweisung garen. Frühlingszwiebeln, Zucchini und Tomaten waschen, Karotten schälen. Frühlingszwiebeln in feine Ringe und Zucchini mit Karotten längs in breite Streifen schneiden. Tomaten halbieren. Nudeln abgießen und dabei 200 ml Kochwasser auffangen.

2. Öl in einer Pfanne erhitzen, Frühlingszwiebelringe, Karotten-, Zucchinistreifen und Tomatenhälften darin ca. 2 Minuten anbraten, mit Kochwasser ablöschen und weitere ca. 5 Minuten garen. 2 Esslöffel Parmesan unterheben, mit Salz und Pfeffer abschmecken und mit Thymian und Oregano verfeinern. Zitronentagliatelle unterheben und mit restlichem Parmesan und Chiliflocken bestreut servieren.

Besonders gut schmeckt dazu ...

... gedünsteter Seelachs. Dafür 4 Seelachsfilets (à 125 g) abspülen und trocken tupfen. 1 TL Öl in einer Pfanne erhitzen und Seelachsfilets darin ca. 3–4 Minuten von jeder Seite braten, salzen und pfeffern. Der *ProPoints*® Wert pro Person erhöht sich auf 8 (1781 kJ / 426 kcal).

Puten-Mango-Pfanne mit Tomatensalat

Fertig in: 25 Minuten
Davon aktiv: 25 Minuten

Für 2 Personen:
1 Mango
1/2 Bund Frühlingszwiebeln
240 g Putenschnitzel
2 TL Pflanzenöl
Salz
Pfeffer
1/2 TL Chilipulver
1 EL Tomatenmark
100 g trockener Couscous
250 ml Gemüsebrühe
(1 TL Instantpulver)
500 g Tomaten
1 Zwiebel
1 EL gehackte Petersilie
2 EL dunkler Balsamicoessig
2 EL Orangensaft
1 Prise Zucker

1. Mango schälen, Fruchtfleisch vom Stein schneiden und würfeln. Frühlingszwiebeln waschen und in Ringe schneiden. Putenschnitzel abspülen, trocken tupfen und in Stücke schneiden.

2. Öl in einer Pfanne erhitzen und Putenschnitzelstücke darin ca. 3–5 Minuten rundherum anbraten. Mit Salz, Pfeffer und Chilipulver würzen. Tomatenmark und Couscous zugeben und anschwitzen. Mit Brühe ablöschen. Mangowürfel und Frühlingszwiebelringe unterheben und zugedeckt ca. 5–8 Minuten ziehen lassen.

3. Für den Tomatensalat Tomaten waschen und in Spalten schneiden. Zwiebel schälen und würfeln. Tomatenspalten und Zwiebelwürfel mit Petersilie mischen. Balsamicoessig, Orangensaft, Salz, Pfeffer und Zucker zu einem Dressing verrühren und über den Salat geben. Tomatensalat zur Puten-Mango-Pfanne servieren.

pro Person
9 ProPoints Wert

2048 kJ
490 kcal

Hackbällchenpfanne Toscana

Fertig in: 35 Minuten
Davon aktiv: 30 Minuten

Für 4 Personen:
4 gelbe Paprika
2 rote Spitzpaprika
je 3 Stängel Oregano und
Lavendel
3 Zweige Thymian
einige Blätter Salbei
1 Kugel Mozzarella light
10 grüne Oliven, pur, ohne Stein
400 g Tatar
2 EL zarte Haferflocken
2 EL Senf
1 EL Tomatenmark
Salz
Pfeffer
2 TL Pflanzenöl
400 g passierte Tomaten
(Konserve)
100 ml Gemüsebrühe
(1/2 TL Instantpulver)
2 TL Paprikapulver
500 g Bandnudeln
(Frischprodukt)

1. Paprika und Spitzpaprika waschen, entkernen und in Stücke schneiden. Kräuter waschen und trocken schütteln. Oregano-, Lavendel- und Thymianblättchen abzupfen und mit Salbei hacken. Mozzarella abtropfen lassen und würfeln. Oliven in Ringe schneiden.

2. Tatar mit Haferflocken, Senf, Tomatenmark, der Hälfte der Kräuter, Salz und Pfeffer verkneten und zu 16 Hackbällchen formen.

3. Öl in einer Pfanne erhitzen, Hackbällchen darin ca. 5 Minuten rundherum anbraten und herausnehmen. Paprikastücke im Bratensatz ca. 2 Minuten braten. Mit Tomaten und Brühe ablöschen, Olivenringe und restliche Kräuter dazugeben, mit Salz, Pfeffer und Paprikapulver würzen und zugedeckt ca. 2 Minuten köcheln lassen.

4. Hackbällchen mit Nudeln in die Sauce geben und ca. 2–3 Minuten erwärmen. Hackbällchenpfanne mit Salz und Pfeffer abschmecken und Mozzarellawürfel darauf verteilen. Nach Wunsch mit getrockneten Lavendelblüten bestreut servieren.

pro Person

2316 kJ
554 kcal

Rinderfiletpfanne mit Waldpilzen

Fertig in: 30 Minuten
Davon aktiv: 25 Minuten

Für 2 Personen:
500 g gemischte Waldpilze
(z. B. Pfifferlinge, Kräuterseitlinge, Austernpilze)
1 Schalotte
240 g Rinderfilet
2 TL Pflanzenöl
Salz
Pfeffer
1–2 TL Weißweinessig
75 ml Gemüsebrühe
(1/2 TL Instantpulver)
1 TL dunkler Saucenbinder
3 EL Crème légère
1 EL gehackter Majoran
1 EL gehackte glatte Petersilie
4 Scheiben Baguette

1. Pilze trocken abreiben, Pfifferlinge gegebenenfalls waschen. Kräuterseitlinge und Austernpilze in Stücke schneiden. Schalotte schälen und würfeln. Rinderfilet trocken tupfen und in Streifen schneiden.

2. Öl in einer Pfanne erhitzen, Filetstreifen darin ca. 3 Minuten rundherum anbraten, salzen, pfeffern und herausnehmen. Pilze und Schalottenwürfel im Bratensatz ca. 3 Minuten anbraten, mit Essig und Brühe ablöschen und ca. 5 Minuten köcheln lassen.

3. Saucenbinder einrühren, mit Crème légère, Majoran und Petersilie verfeinern und aufkochen. Filetstreifen dazugeben und kurz erwärmen. Rinderfiletpfanne mit Salz und Pfeffer abschmecken und mit Baguettescheiben servieren.

 pro Person
10 ProPoints Wert
1731 kJ
414 kcal

Dazu passt ein Salat...

... aus 125 g Friséesalat, 150 g roten Traubenhälften und 1 kleinen Birne in dünnen Spalten mit einem Dressing aus 125 g fettarmem Joghurt, 2 EL Himbeeressig, 1 TL Dijonsenf, 1 TL Honig, Salz und Pfeffer. Der *ProPoints*® Wert pro Person erhöht sich auf 11 (2479 kJ / 593 kcal).

Mediterrane Gemüsepfanne

Fertig in: 30 Minuten
Davon aktiv: 25 Minuten

Für 2 Personen:
1 Zwiebel
1 Aubergine
4 Tomaten
2 kleine Zucchini
2 TL Pflanzenöl
Salz
Pfeffer
1/4 TL getrockneter Thymian
1/2 TL getrockneter Oregano
150 ml Tomatensaft
2 EL Parmesanhobel
2 Ecken Fladenbrot

1. Zwiebel schälen und würfeln. Aubergine, Tomaten und Zucchini waschen. Aubergine in Stücke und Tomaten in Spalten schneiden. Zucchini längs halbieren und in Scheiben schneiden.

2. Öl in einer Pfanne erhitzen und Zwiebelwürfel, Zucchinischeiben und Auberginenstücke darin ca. 3–4 Minuten unter Rühren dünsten. Mit Salz, Pfeffer, Thymian und Oregano würzen. Tomatenspalten und Tomatensaft zugeben und weitere ca. 5 Minuten zugedeckt garen. Mediterrane Gemüsepfanne mit Parmesanhobel bestreuen und mit Fladenbrot servieren.

pro Person
5 ProPoints Wert | 1359 kJ
325 kcal

Besonders knusprig …
… schmeckt das Fladenbrot, wenn Sie es kurz anrösten.

Kürbis-Couscous-Pfanne mit Ente

Fertig in: 40 Minuten
Davon aktiv: 30 Minuten

Für 2 Personen:
1 Hokkaidokürbis (ca. 600 g)
4 Feigen
240 g Entenbrust ohne Haut
2 TL Pflanzenöl
Salz
Pfeffer
1 TL Ras el-Hanout
250 ml Gemüsebrühe
(1 TL Instantpulver)
100 g trockener Couscous
125 g fettarmer Joghurt
1 TL Zitronensaft
1 EL gehackte Zitronenmelisse

pro Person

2257 kJ
540 kcal

1. Kürbis waschen, halbieren und die Kerne mit einem Löffel entfernen. Feigen waschen und mit Kürbis würfeln. Entenbrust abspülen, trocken tupfen und in Streifen schneiden.

2. Öl in einer Pfanne erhitzen, Entenbruststreifen darin ca. 3–5 Minuten rundherum anbraten, salzen, pfeffern und herausnehmen. Kürbiswürfel im Bratensatz ca. 2–3 Minuten andünsten, mit Ras el-Hanout würzen, mit Brühe ablöschen und ca. 10 Minuten köcheln lassen. Couscous einrühren und ca. 5 Minuten quellen lassen.

3. Für den Dip Joghurt mit Zitronensaft und Zitronenmelisse verrühren und mit Salz und Pfeffer abschmecken.

4. Entenbruststreifen und Feigenwürfel zur Kürbis-Couscous-Pfanne geben und kurz miterwärmen. Mit Salz und Pfeffer abschmecken, nach Wunsch mit frischen Kräutern garnieren und mit Dip servieren.

Ras el-Hanout ist eine marokkanische Gewürzmischung, ...

... die Sie in gut sortierten Supermärkten finden. Ersatzweise können Sie mit 1/4 TL Kreuzkümmel, 1/2 TL Paprikapulver, 1/4 TL Kurkuma und je 1 Prise Zimtpulver und gemahlenem Koriander würzen.

Lammpilaw mit Datteln

Fertig in: 35 Minuten
Davon aktiv: 20 Minuten

Für 2 Personen:
2 Zucchini
1 Zwiebel
4 getrocknete Datteln ohne Stein
240 g Lammfilet
2 TL Pflanzenöl
Salz
1/2 TL Cayennepfeffer
100 g trockener Basmatireis
1/2 TL Kardamom
1 TL Kurkuma
1–2 TL Kreuzkümmel
1 Prise Zimtpulver
400 ml Lammfond
(ersatzweise Gemüsebrühe)
Pfeffer

1. Zucchini waschen, Zwiebel schälen und mit Zucchini würfeln. Datteln klein schneiden. Lammfilet trocken tupfen und würfeln.

2. Öl in einer Pfanne erhitzen, Lammfiletwürfel darin ca. 3–4 Minuten rundherum anbraten, mit Salz und Cayennepfeffer würzen und herausnehmen. Reis mit Zwiebelwürfeln, Kardamom, Kurkuma, Kreuzkümmel und Zimtpulver im Bratensatz kurz anbraten, mit Fond ablöschen und ca. 15 Minuten köcheln lassen.

3. Zucchiniwürfel und Dattelstücke dazugeben, salzen, pfeffern und ca. 5 Minuten garen. Lammfiletwürfel unterheben und kurz erwärmen. Lammpilaw mit Salz und Pfeffer abschmecken und nach Wunsch mit Koriander bestreut servieren.

pro Person | 2023 kJ
| 484 kcal

Pilaw bezeichnet ein orientalisches Reisgericht, ...
... bei dem Reis mit Gewürzen, Gemüse oder Fleisch zusammen gegart wird.

Chinapfanne mit Pilzen

Fertig in: 30 Minuten
Davon aktiv: 25 Minuten

Für 2 Personen:
150 g Champignons
150 g Shiitakepilze
1 rote Chilischote
1 Bund Frühlingszwiebeln
150 g Mungobohnensprossen
80 g trockener Basmatireis
Salz
1 TL Pflanzenöl
270 g Tatar
Pfeffer
200 ml Gemüsebrühe
(1 TL Instantpulver)
1 TL gehackte Erdnüsse
1 TL süßsaure Sauce
1/2 TL 5-Gewürze-Pulver
1 TL heller Saucenbinder
1/2 TL Honig

1. Champignons und Shiitakepilze trocken abreiben und in mundgerechte Stücke schneiden. Chilischote, Frühlingszwiebeln und Mungobohnensprossen waschen. Chilischote entkernen und mit Frühlingszwiebeln in Ringe schneiden. Mungobohnensprossen abtropfen lassen. Reis nach Packungsanweisung in Salzwasser garen.

2. Öl in einer Pfanne erhitzen, Tatar darin krümelig anbraten und mit Salz und Pfeffer würzen. Frühlingszwiebelringe und Pilzstücke zufügen, kurz mitbraten und mit Brühe ablöschen. Chiliringe, Erdnüsse und süßsaure Sauce unterheben und mit 5-Gewürze-Pulver würzen. Alles ca. 5 Minuten köcheln lassen und Saucenbinder einrühren.

3. Chinapfanne mit Honig verfeinern, Mungobohnensprossen und Reis unterheben. Mit Salz und Pfeffer abschmecken und Chinapfanne mit Pilzen servieren.

pro Person | 1772 kJ
9 ProPoints Wert | 424 kcal

Sauerkraut-Kasseler-Pfanne

Fertig in: 20 Minuten
Davon aktiv: 15 Minuten

Für 2 Personen:
1 rote Paprika
200 g Kasseler, gepökelt, roh
2 TL Olivenöl
250 g Schupfnudeln
(Frischprodukt)
1 Beutel Minuten-Sauerkraut
(400 g)
2 Msp. Kümmel
Salz
Pfeffer
2 TL gehackter Thymian

1. Paprika waschen, entkernen und in Streifen schneiden. Kasseler trocken tupfen und würfeln. Öl in einer Pfanne erhitzen und Kasselerwürfel mit Schupfnudeln und Paprikastreifen darin ca. 6–7 Minuten rundherum anbraten.

2. Sauerkraut unterheben, mit Kümmel würzen und ca. 3 Minuten erwärmen. Sauerkraut-Kasseler-Pfanne mit Salz und Pfeffer abschmecken und mit Thymian bestreut servieren.

pro Person
10 ProPoints Wert | 1894 kJ
453 kcal

Statt Kasseler ...

... können Sie auch 200 g magere Schinkenwürfel nehmen. Der *ProPoints*® Wert pro Person reduziert sich auf 9 (1997 kJ / 478 kcal).

Paella mit Hähnchen und Meeresfrüchten

Fertig in: 60 Minuten
Davon aktiv: 35 Minuten

Für 4 Personen:
500 g Miesmuscheln mit Schale
400 g grüne Bohnen
3 rote Paprika
1 Zwiebel
240 g Hähnchenbrustfilet
100 g küchenfertige Garnelen
1 EL Olivenöl
Salz
Pfeffer
1 Knoblauchzehe
160 g trockener Langkornreis
1 Msp. Cayennepfeffer
1/4 Döschen Safranfäden
1/4 TL Kurkuma
350 ml Fischfond
1 Zitrone

pro Person
1484 kJ
355 kcal

1. Muscheln unter fließendem Wasser gründlich reinigen und offene Muscheln entsorgen. Bohnen waschen und in Stücke schneiden. Paprika waschen und entkernen. Zwiebel schälen und mit Paprika würfeln. Hähnchenbrustfilet abspülen, trocken tupfen und in Würfel schneiden. Garnelen abspülen und trocken tupfen.

2. Öl in einer großen Pfanne erhitzen, Hähnchenbrustwürfel darin ca. 2–3 Minuten rundherum anbraten, salzen, pfeffern und herausnehmen. Knoblauch hacken, mit Reis, Zwiebel- und Paprikawürfeln im Bratensatz kurz andünsten und mit Salz, Cayennepfeffer, Safranfäden und Kurkuma würzen. Bohnenstücke dazugeben, mit Fond ablöschen und ca. 15 Minuten garen.

3. Hähnchenbrustwürfel und Garnelen unterheben, Muscheln auf der Paella verteilen und zugedeckt ca. 8–10 Minuten gar ziehen lassen. Zitrone halbieren, eine Hälfte auspressen und die andere Hälfte in Spalten schneiden. Nach dem Garen noch geschlossene Muscheln entsorgen. Paella mit 1–2 Teelöffeln Zitronensaft beträufeln, mit Zitronenspalten und nach Wunsch mit frischen Kräutern garniert servieren.

Forellenfilets mit Orangenfenchel

Fertig in: 35 Minuten
Davon aktiv: 25 Minuten

Für 2 Personen:
1 Schalotte
2 Fenchelknollen
2 unbehandelte Orangen
240 g geräucherte Forellenfilets
1 kleine Knoblauchzehe
2 TL Halbfettmargarine
1 TL gehackte Petersilie
1 TL Schnittlauchringe
Salz
Pfeffer
1 Baguettebrötchen
1 TL Pflanzenöl
2 EL saure Sahne
1 TL gehackter Dill

pro Person

9 ProPoints Wert

2165 kJ
518 kcal

1. Schalotte schälen und würfeln. Fenchel waschen, halbieren, den Strunk entfernen und Fenchel in dünne Streifen schneiden. 1 Messerspitze Orangenschale abreiben. 1 Orange auspressen, zweite Orange schälen, filetieren und den Saft dabei auffangen. Forellenfilets in Stücke schneiden.

2. Backofen auf 200° C (Gas: Stufe 3, Umluft: 180° C) vorheizen. Knoblauch pressen, mit Margarine, Petersilie und Schnittlauch verrühren, salzen und pfeffern. Baguettebrötchen auf der Oberseite dreimal schräg einschneiden und Kräutermargarine in die Einschnitte streichen. Baguette auf ein mit Backpapier ausgelegtes Backblech legen und im Backofen auf mittlerer Schiene ca. 5 Minuten backen.

3. Öl in einer Pfanne erhitzen, Schalottenwürfel mit Fenchelstreifen darin ca. 3 Minuten andünsten, mit Orangensaft ablöschen und ca. 6–7 Minuten köcheln lassen. Orangenfenchel mit saurer Sahne, Orangenschale und Dill verfeinern und mit Salz und Pfeffer abschmecken. Orangenfilets und Forellenstücke vorsichtig unterheben und kurz erwärmen. Kräuterbaguette in Scheiben schneiden. Forellenfilets mit Orangenfenchel nach Wunsch mit rosa Pfefferbeeren bestreuen und mit Baguettescheiben servieren.

Hack-Feta-Pfanne

Fertig in: 30 Minuten
Davon aktiv: 20 Minuten

Für 4 Personen:
160 g trockener Vollkornreis
Salz
1 Zwiebel
4 große grüne Paprika
2 Stangen Lauch
2 TL Pflanzenöl
400 g Tatar
200 ml Gemüsebrühe
(1 TL Instantpulver)
Pfeffer
1/2 TL getrockneter Thymian
1 TL getrockneter Majoran
120 g Schafskäse light

1. Reis nach Packungsanweisung in Salzwasser garen. Zwiebel schälen und würfeln. Paprika und Lauch waschen. Paprika entkernen und in Streifen schneiden. Lauch in Ringe schneiden.

2. Öl in einer Pfanne erhitzen und Tatar mit Zwiebelwürfeln darin krümelig anbraten. Paprikastreifen und Lauchringe zufügen und mit Brühe ablöschen. Mit Salz, Pfeffer, Thymian und Majoran würzen und weitere ca. 10 Minuten garen. Schafskäse würfeln und mit Reis untermischen. Hack-Feta-Pfanne mit Salz und Pfeffer abschmecken und nach Wunsch mit frischen Kräutern garniert servieren.

pro Person
9 ProPoints Wert

1889 kJ
452 kcal

Orangen-Lachs-Pfanne

Fertig in: 25 Minuten
Davon aktiv: 15 Minuten

Für 4 Personen:
160 g trockener Langkornreis
Salz
2 Stangen Lauch
1 Zwiebel
1 Orange
200 g Räucherlachs
2 TL Pflanzenöl
1/2 TL Currypulver
300 ml Gemüsebrühe
(2 TL Instantpulver)
2 EL Schmand
grob gemahlener Pfeffer

1. Reis nach Packungsanweisung in Salzwasser garen. Lauch waschen und in Ringe schneiden. Zwiebel und Orange schälen, Zwiebel in Spalten und Orange in Filets schneiden. Räucherlachs in Streifen schneiden.

2. Öl in einer Pfanne erhitzen und Zwiebelspalten darin glasig dünsten. Lauchringe zugeben und mit Salz und Currypulver würzen. Brühe angießen und ca. 5 Minuten köcheln. Sauce mit Schmand verfeinern und mit Salz und Pfeffer abschmecken. Orangenfilets und Lachsstreifen vorsichtig unterheben und Orangen-Lachs-Pfanne mit Reis servieren.

pro Person
7 ProPoints Wert | 1463 kJ
350 kcal

Statt Reis ...

... können Sie auch 160 g trockene Nudeln nehmen. Der *ProPoints*® Wert pro Person ändert sich nicht.

Steakpfanne mit Süßkartoffeln

Fertig in: 45 Minuten
Davon aktiv: 30 Minuten

Für 2 Personen:
1 Zwiebel
350 g Süßkartoffeln
300 g festkochende Kartoffeln
150 g Knollensellerie
300 g grüne Bohnen
260 g Rindersteak
1 TL Pflanzenöl
Salz
grob gemahlener bunter Pfeffer
1 Knoblauchzehe
1 Msp. Zimtpulver
1 Msp. Chilipulver
1/2 TL Paprikapulver
200 ml Gemüsebrühe
(1 TL Instantpulver)
1–2 TL Limettensaft
1 EL gehackte Petersilie

1. Zwiebel, Süßkartoffeln, Kartoffeln und Sellerie schälen und würfeln. Bohnen waschen und halbieren. Rindersteak trocken tupfen und in Würfel schneiden.

2. Öl in einer Pfanne erhitzen, Steakwürfel darin ca. 2–3 Minuten rundherum anbraten, salzen, pfeffern und herausnehmen. Knoblauch pressen und mit Zwiebelwürfeln, Zimt-, Chili- und Paprikapulver im Bratensatz kurz anbraten. Süßkartoffel-, Kartoffel- und Selleriewürfel zugeben und ca. 5 Minuten mitbraten. Bohnenhälften dazugeben, mit Brühe und Limettensaft ablöschen und zugedeckt ca. 15 Minuten garen.

3. Steakwürfel mit Petersilie unterheben und kurz erwärmen. Steakpfanne mit Salz und Pfeffer abschmecken und servieren.

pro Person | 2240 kJ
536 kcal

Hähnchen-Garnelen-Pfanne

Fertig in: 25 Minuten
Davon aktiv: 15 Minuten

Für 1 Person:
80 g Hähnchenbrustfilet
50 g küchenfertige Garnelen
1 Limette
40 g trockener Basmatireis
Salz
1 TL Pflanzenöl
Pfeffer
100 ml Gemüsebrühe
(1/2 TL Instantpulver)
3 EL Kokosmilch
150 g Blumenkohlröschen (TK)
200 g Zuckererbsenschoten

1. Hähnchenbrustfilet abspülen, trocken tupfen und würfeln. Garnelen abspülen und trocken tupfen. Limette auspressen. Reis nach Packungsanweisung in Salzwasser garen.

2. Öl in einer Pfanne erhitzen und Hähnchenbrustwürfel darin ca. 3 Minuten rundherum anbraten. Garnelen hinzufügen und kurz mitbraten. Mit Salz, Pfeffer und 1 Esslöffel Limettensaft würzen. Mit Brühe ablöschen und mit Kokosmilch verfeinern. Blumenkohlröschen hinzufügen und ca. 10 Minuten garen. Zuckererbsenschoten waschen, zugeben und weitere ca. 2 Minuten garen. Hähnchen-Garnelen-Pfanne mit Basmatireis servieren.

pro Person
11 ProPoints Wert®   2516 kJ
                       602 kcal

Schnitzel-Lauch-Pfanne

Fertig in: 25 Minuten
Davon aktiv: 20 Minuten

Für 2 Personen:
2 Stangen Lauch
250 g Champignons
500 g Schweineschnitzel
80 g trockene Bandnudeln
Salz
2 TL Pflanzenöl
Pfeffer
300 ml Gemüsebrühe
(2 TL Instantpulver)
100 g Frischkäse,
bis 1 % Fett absolut
1/2 Bund Petersilie

1. Lauch waschen und in Ringe schneiden. Champignons trocken abreiben und halbieren. Schnitzel abspülen, trocken tupfen und in Streifen schneiden. Nudeln nach Packungsanweisung in Salzwasser garen.

2. Öl in einer Pfanne erhitzen und Schnitzelstreifen darin ca. 5–7 Minuten rundherum anbraten. Mit Salz und Pfeffer würzen. Lauchringe und Champignonhälften zufügen und kurz mitdünsten. Brühe angießen, Frischkäse einrühren und ca. 4 Minuten garen. Petersilie waschen, trocken schütteln und fein hacken. Nudeln abgießen, gut abtropfen lassen, unterheben und kurz erhitzen. Schnitzel-Lauch-Pfanne mit Salz, Pfeffer und Petersilie würzen und servieren.

pro Person
13 ProPoints Wert ®   2583 kJ
618 kcal

Schollenröllchen auf Mangoldreis

Fertig in: 35 Minuten
Davon aktiv: 20 Minuten

Für 2 Personen:
1 Mangold (ca. 700 g)
1 Zwiebel
2 Schollenfilets (à 125 g)
2 EL Schmand
2 EL Senf
2 TL gehackter Estragon
Salz
Pfeffer
1 TL Pflanzenöl
100 ml fettarme Milch
150 ml Gemüsebrühe
(1/2 TL Instantpulver)
100 g trockener Minutenreis

1843 kJ
441 kcal

1. Mangold waschen, trocken schleudern und in Streifen schneiden. Zwiebel schälen und würfeln. Schollenfilets abspülen, trocken tupfen und längs halbieren. Schmand mit Senf und 1 Teelöffel Estragon verrühren und Filets damit bestreichen. Mit Salz und Pfeffer würzen, einrollen und mit Spießen fixieren.

2. Öl in einer Pfanne erhitzen. Mangoldstreifen mit Zwiebelwürfeln darin ca. 3 Minuten andünsten und mit Milch und Brühe ablöschen. Reis unterheben, mit Salz, Pfeffer und restlichem Estragon würzen und zugedeckt ca. 15 Minuten garen. Schollenröllchen nach ca. 3–4 Minuten daraufsetzen, gar ziehen lassen und herausnehmen. Mangoldreis mit Salz und Pfeffer abschmecken und Schollenröllchen darauf anrichten. Nach Wunsch mit rosa Pfefferbeeren bestreut servieren.

Geschnetzeltes mit Champignons

Fertig in: 25 Minuten
Davon aktiv: 20 Minuten

Für 1 Person:
250 g braune Champignons
1 Schalotte
120 g Schweineschnitzel
60 g trockene Bandnudeln
Salz
1 TL Pflanzenöl
Pfeffer
125 ml Gemüsebrühe
(1/2 TL Instantpulver)
3 EL Cremefine zum Kochen,
7 % Fett
1 TL eingelegte grüne
Pfefferkörner
1–2 TL heller Balsamicoessig
1 TL gehackte Petersilie
1 EL gehackter Kerbel

1. Champignons trocken abreiben und vierteln. Schalotte schälen und würfeln. Schweineschnitzel trocken tupfen und in Streifen schneiden.

2. Nudeln nach Packungsanweisung in Salzwasser garen. Öl in einer Pfanne erhitzen, Schnitzelstreifen darin ca. 2–3 Minuten rundherum anbraten, salzen, pfeffern und herausnehmen. Champignonviertel und Schalottenwürfel im Bratensatz kurz anbraten, mit Brühe ablöschen und ca. 6–7 Minuten köcheln lassen.

3. Pilze mit Cremefine, Pfefferkörnern und Balsamicoessig verfeinern. Schnitzelstreifen unterheben und kurz erwärmen. Nudeln abgießen. Geschnetzeltes mit Salz abschmecken, mit Petersilie und Kerbel bestreuen und mit Nudeln servieren.

pro Person **11** ProPoints Wert

2061 kJ
493 kcal

Jetzt wird geWOKt!

Süßsaures Geschnetzeltes oder in Sojasauce gebratener Tofu – mit fruchtigen Begleitern wie Mango, Ananas oder Aprikose. Highlights der schnellen Küche mit Mie- oder Glasnudeln, mit Reis oder Couscous. Dazu knackiges Gemüse – einfach perfekt!

Hähnchenwok mit Mungobohnensprossen

Fertig in: 30 Minuten
Davon aktiv: 20 Minuten

Für 2 Personen:
90 g trockener Basmatireis
Salz
4 Karotten
200 g Mungobohnensprossen
1/2 Bund Frühlingszwiebeln
1 rote Chilischote
360 g Hähnchenbrustfilet
Pfeffer
2 TL Pflanzenöl
1 Knoblauchzehe
1 TL Honig
100 ml Gemüsebrühe
(1/2 TL Instantpulver)
1 EL Sojasauce

 pro Person | 2023 kJ
484 kcal

1. Reis nach Packungsanweisung in Salzwasser garen. Karotten schälen und in Stifte schneiden. Mungobohnensprossen und Frühlingszwiebeln waschen und Sprossen abtropfen lassen. Chilischote waschen, entkernen und mit Frühlingszwiebeln in Ringe schneiden. Hähnchenbrustfilet abspülen, trocken tupfen, in Streifen schneiden und mit Salz und Pfeffer würzen.

2. Öl in einem Wok erhitzen, Hähnchenstreifen darin ca. 3–4 Minuten rundherum braten und herausnehmen. Knoblauch pressen, mit Karottenstiften, Chili- und Frühlingszwiebelringen im Bratensatz ca. 2–3 Minuten dünsten und mit Honig beträufeln. Mit Brühe ablöschen und ca. 5–6 Minuten garen.

3. Hähnchenstreifen zum Gemüse geben und weitere ca. 2 Minuten köcheln lassen. Mit Sojasauce verfeinern und mit Salz und Pfeffer abschmecken. Mungobohnensprossen unterheben und Hähnchenwok mit Reis servieren.

Asiawok mit Mie-Nudeln

Fertig in: 20 Minuten
Davon aktiv: 10 Minuten

Für 2 Personen:
240 g Hähnchenbrustfilet
1 TL Pflanzenöl
1 EL Tomatenmark
500 g Asia-Gemüse (TK)
250 ml Gemüsebrühe
(1 TL Instantpulver)
1 EL Frischkäse,
bis 1 % Fett absolut
2–3 EL Sojasauce
1 Msp. Sambal Oelek
100 g trockene Mie-Nudeln
Salz
Pfeffer

1. Hähnchenbrustfilet abspülen, trocken tupfen und in Würfel schneiden. Öl in einem Wok erhitzen und Hähnchenwürfel darin ca. 3 Minuten rundherum anbraten. Tomatenmark hinzugeben, kurz anschwitzen und Asia-Gemüse zugeben. Mit Brühe ablöschen und zugedeckt ca. 5 Minuten garen.

2. Frischkäse, Sojasauce und Sambal Oelek einrühren. Nudeln dazugeben und weitere ca. 5 Minuten garen. Asiawok mit Salz und Pfeffer abschmecken und servieren.

pro Person
9 ProPoints Wert

1806 kJ
432 kcal

Verfeinern Sie die Sauce ...

... mit 2 TL Erdnusscreme. Der *ProPoints*® Wert pro Person erhöht sich auf 10 (1935 kJ / 463 kcal).

Noch schneller zum Genuss ...

...kommen Sie nur mit der Asia-Putenbrust süß-sauer von **Weight Watchers**.

Ente süß-sauer

Fertig in: 35 Minuten
Davon aktiv: 25 Minuten

Für 4 Personen:
1 Knoblauchzehe
1 kleine Ananas
je 1 rote, gelbe und grüne Paprika
1 Bund Frühlingszwiebeln
500 g Champignons
480 g Entenbrust ohne Haut
1 EL Pflanzenöl
Salz
Pfeffer
160 g trockene Glasnudeln
3 EL Sojasauce
200 ml Gemüsebrühe
(1 TL Instantpulver)
3 EL Tomatenmark
2 TL Zitronensaft
2 TL Honig

 2098 kJ
502 kcal

1. Knoblauch pressen. Ananas schälen, vierteln, den Strunk entfernen und Ananas würfeln. Paprika und Frühlingszwiebeln waschen. Paprika entkernen und in Streifen, Frühlingszwiebeln in Stücke schneiden. Champignons trocken abreiben und halbieren. Entenbrust abspülen, trocken tupfen und in Streifen schneiden.

2. Öl in einem Wok erhitzen und Entenbruststreifen mit Knoblauch darin ca. 5 Minuten rundherum braten. Mit Salz und Pfeffer würzen und herausnehmen. Ananaswürfel, Paprikastreifen, Champignonhälften und Frühlingszwiebelstücke ca. 10 Minuten im Bratensatz dünsten. Nudeln nach Packungsanweisung zubereiten.

3. Entenbruststreifen und das Gemüse unterheben. Sojasauce mit Gemüsebrühe, Tomatenmark, Zitronensaft und Honig verrühren und Ente damit ablöschen. Mit Salz und Pfeffer abschmecken, Nudeln unterheben und Ente süß-sauer servieren.

Wenn Sie es lieber vegetarisch mögen, …

… dann ersetzen Sie die Entenbrust durch 400 g Tofuwürfel. Der *ProPoints*® Wert pro Person reduziert sich dabei auf 8 (2023 kJ / 484 kcal).

Chilirindfleisch mit Pak Choi

Fertig in: 35 Minuten
Davon aktiv: 25 Minuten

Für 4 Personen:
600 g Pak Choi
(ersatzweise Weißkohl)
2 Blutorangen
(ersatzweise Orangen)
200 g Mungobohnensprossen
450 g Rindersteak
2 rote Chilischoten
3 EL Sojasauce
120 g trockener Basmatireis
Salz
2 TL Pflanzenöl
Pfeffer
10 gehackte Cashewnüsse

pro Person
7 ProPoints Wert
1505 kJ
360 kcal

1. Pak Choi waschen, trocken schleudern und in grobe Streifen schneiden. Blutorangen schälen und filetieren. Mungobohnensprossen waschen und abtropfen lassen. Rindersteak trocken tupfen und in Streifen schneiden. Chilischoten waschen, entkernen und in Ringe schneiden.

2. Für die Marinade Chiliringe mit Sojasauce verrühren. Steakstreifen mit der Marinade in einen Gefrierbeutel geben, gut verkneten und darin ca. 10 Minuten marinieren. Basmatireis nach Packungsanweisung in Salzwasser garen.

3. Öl in einem Wok erhitzen und Steakstreifen darin portionsweise ca. 2–3 Minuten rundherum braten. Pak Choi-Streifen und Mungobohnensprossen zufügen und ca. 5 Minuten dünsten. Orangenfilets unterheben und mit Salz und Pfeffer abschmecken. Chilirindfleisch mit Cashewnüssen bestreuen und mit Basmatireis servieren.

Garnelen mit Spinat

Fertig in: 40 Minuten
Davon aktiv: 25 Minuten

Für 2 Personen:
80 g trockener Langkornreis
Salz
500 g Blattspinat
1 rote Chilischote
200 g küchenfertige Garnelen
4 EL Fischsauce
(ersatzweise Sojasauce)
100 ml Gemüsebrühe
(1/2 TL Instantpulver)
1 EL Zitronensaft
1 TL Honig
1–2 Knoblauchzehen
2 TL Pflanzenöl
1 EL schwarzer Sesam
(ersatzweise weißer)

1. Reis nach Packungsanweisung in Salzwasser garen. Spinat waschen, trocken schleudern und dicke Stiele entfernen. Chilischote waschen, entkernen und in Streifen schneiden. Garnelen abspülen und trocken tupfen.

2. Für die Marinade Fischsauce mit Brühe, Zitronensaft und Honig verrühren. Knoblauch dazupressen, mit Garnelen in einen Gefrierbeutel geben und ca. 10 Minuten im Kühlschrank marinieren.

3. Öl in einem Wok erhitzen, Garnelen aus der Marinade nehmen, ca. 3 Minuten darin braten und an den Rand schieben. Spinat im Bratensatz ca. 4–5 Minuten dünsten. Mit Marinade ablöschen und aufkochen. Garnelen, Chilistreifen und Reis untermischen und kurz erwärmen. Mit Sesam bestreuen und servieren.

pro Person
1588 kJ
380 kcal

Kokoswok mit Pangasius

Fertig in: 35 Minuten
Davon aktiv: 30 Minuten

Für 4 Personen:
140 g trockener Basmatireis
Salz
500 g Pangasiusfilet
1 EL Limettensaft
Pfeffer
400 g Zuckererbsenschoten
je 1 rote und gelbe Paprika
1 Mango
1 EL Pflanzenöl
250 ml Gemüsebrühe (2 TL Instantpulver)
100 ml Kokosmilch
2 EL Kokosraspel
1/2 TL Paprikapulver

1. Reis nach Packungsanweisung in Salzwasser garen. Pangasiusfilet abspülen und trocken tupfen. Mit Limettensaft beträufeln, salzen, pfeffern und in Würfel schneiden. Zuckererbsenschoten und Paprika waschen. Paprika entkernen und in Würfel schneiden. Mango schälen, das Fruchtfleisch vom Stein schneiden und würfeln.

2. Öl in einem Wok erhitzen, Pangasiuswürfel darin ca. 5 Minuten rundherum braten und vorsichtig an den Rand schieben. Zuckererbsenschoten und Paprikawürfel im Bratensatz ca. 3 Minuten anbraten, mit Gemüsebrühe und Kokosmilch ablöschen und ca. 5–7 Minuten köcheln lassen.

3. Pangasius- und Mangowürfel mit Kokosraspeln unterheben und kurz erwärmen. Kokoswok mit Salz und Paprikapulver würzen und mit Reis servieren.

 2073 kJ
496 kcal

Gebratene Gemüsenudeln

Fertig in: 30 Minuten
Davon aktiv: 20 Minuten

Für 4 Personen:
150 g trockene Mie-Nudeln
Salz
1/2 Bund Frühlingszwiebeln
1 Weißkohl (ca. 800 g)
1 EL Pflanzenöl
1 Dose Bambussprossen
(170 g Abtropfgewicht)
1 TL Sambal Oelek
3 Eier
4 EL Sojasauce
1 EL Sherry

1. Nudeln nach Packungsanweisung in Salzwasser garen. Frühlingszwiebeln waschen und in Ringe schneiden. Weißkohl putzen, vierteln, den Strunk entfernen und Weißkohl in Streifen schneiden.

2. Öl in einem Wok erhitzen, Frühlingszwiebelringe und Weißkohlstreifen darin ca. 5 Minuten anbraten und zugedeckt weitere ca. 5 Minuten garen. Nudeln und Bambussprossen gut abtropfen lassen, mit Sambal Oelek unterheben und kurz erwärmen.

3. Eier mit Sojasauce und Sherry verquirlen, zugeben, unter Rühren stocken lassen und gebratene Nudeln servieren.

 1375 kJ
329 kcal

Asiatisches Gemüse mit Schwein

Fertig in: 30 Minuten
Davon aktiv: 20 Minuten

Für 4 Personen:
300 g Schweinefilet
1 Stück Ingwer (2–3 cm)
1 Knoblauchzehe
1 Glas Mungobohnensprossen
(175 g Abtropfgewicht)
2 TL Pflanzenöl
750 g Asia-Gemüse (TK)
400 ml Gemüsebrühe
(1 TL Instantpulver)
4 EL Sojasauce
150 g trockene Mie-Nudeln
Salz
Pfeffer
1/2 TL Chilipulver
1 Prise Zucker

1. Schweinefilet trocken tupfen und in Stücke schneiden. Ingwer schälen, würfeln und Knoblauch pressen. Mungobohnensprossen abtropfen lassen.

2. Öl in einem Wok erhitzen und Schweinefiletstücke darin ca. 3 Minuten rundherum anbraten. Ingwer, Knoblauch, Mungobohnensprossen und Asia-Gemüsemischung zufügen und ca. 5 Minuten mitbraten.

3. Mit Brühe und Sojasauce ablöschen, Nudeln zufügen und ca. 10 Minuten garen. Mit Salz, Pfeffer, Chilipulver und Zucker würzen. Asiatisches Gemüse mit Filet servieren.

 pro Person
| 1338 kJ
| 320 kcal

Schweinefleisch süß-sauer

Fertig in: 30 Minuten
Davon aktiv: 25 Minuten

Für 4 Personen:
200 g trockener Basmatireis
Salz
3 rote Paprika
1 große Zwiebel
4 große Karotten
480 g Schweinefilet
1 Knoblauchzehe
4 TL Pflanzenöl
100 g Bambussprossen
(Konserve)
75 ml Sojasauce
6 EL Ketchup light
340 g Ananasstücke
(Konserve ohne Zucker)
Pfeffer
1 TL 5-Gewürze-Pulver
2 EL Reisessig
(ersatzweise Weißweinessig)
1 TL Sambal Oelek

1. Reis nach Packungsanweisung in Salzwasser garen. Paprika waschen und entkernen. Zwiebel und Karotten schälen und mit Paprika würfeln.

2. Schweinefilet trocken tupfen und in Streifen schneiden. Knoblauch pressen. Öl in einem Wok erhitzen und Schweinefiletstreifen darin ca. 2 Minuten rundherum anbraten. Bambussprossen abtropfen lassen. Knoblauch, Paprika-, Zwiebel-, Karottenwürfel und Bambussprossen zufügen und ca. 5 Minuten braten. Mit Sojasauce und Ketchup ablöschen und ca. 3 Minuten einkochen lassen.

3. Ananasstücke mit Saft zufügen und ca. 3 Minuten erhitzen. Mit Salz, Pfeffer, 5-Gewürze-Pulver, Essig und Sambal Oelek würzen. Schweinefleisch süß-sauer mit Basmatireis servieren.

pro Person
10 ProPoints Wert   2203 kJ
527 kcal

Puten-Ananas-Curry

Fertig in: 20 Minuten
Davon aktiv: 20 Minuten

Für 2 Personen:
90 g trockener Langkornreis
Salz
1/2 Ananas
250 g Zuckererbsenschoten
280 g Putenbrustfilet
1 TL Pflanzenöl
250 g fettarmer Joghurt
1 TL Honig
Pfeffer
1–2 EL Currypulver
1/4 TL Kreuzkümmel

 pro Person
2303 kJ
551 kcal

1. Reis nach Packungsanweisung in Salzwasser garen. Ananas schälen, vierteln, den Strunk entfernen und Ananas würfeln. Zuckererbsenschoten waschen und halbieren. Putenbrustfilet abspülen, trocken tupfen und in Stücke schneiden.

2. Öl in einem Wok erhitzen und Putenbrustfiletstücke darin ca. 3 Minuten rundherum anbraten. Ananaswürfel und Zuckererbsenschoten zugeben und kurz mitbraten. Mit Joghurt ablöschen, Honig einrühren und mit Salz, Pfeffer, Currypulver und Kreuzkümmel abschmecken. Putencurry mit Reis und nach Wunsch mit Basilikum und Chiliflocken garniert servieren.

Chili-Tomaten-Nudeln mit Gambas

Fertig in: 20 Minuten
Davon aktiv: 15 Minuten

Für 2 Personen:
120 g trockene Bandnudeln
Salz
200 g küchenfertige Gambas
400 g Cocktailtomaten
1 rote Chilischote
1 Zwiebel
1 Knoblauchzehe
2 TL Pflanzenöl
Pfeffer
1 TL italienische Kräuter

pro Person
1639 kJ
392 kcal

1. Nudeln nach Packungsanweisung in Salzwasser garen. Gambas abspülen und trocken tupfen. Cocktailtomaten waschen und halbieren. Chilischote waschen, entkernen und in feine Streifen schneiden. Zwiebel schälen und würfeln. Knoblauch schälen und mit der Messerseite leicht andrücken.

2. Öl in einem Wok erhitzen und Gambas darin ca. 2–3 Minuten rundherum braten. Zwiebelwürfel, Chilistreifen, Knoblauch und Cocktailtomatenhälften zufügen und kurz mitbraten.

3. Nudeln abgießen, unterheben und alles kurz ziehen lassen. Knoblauchzehe entfernen und Chilinudeln mit Salz, Pfeffer und italienischen Kräutern abschmecken. Chilinudeln mit Gambas servieren.

Bami Goreng mit Hähnchen

Fertig in: 35 Minuten
Davon aktiv: 30 Minuten

Für 2 Personen:
1 Zwiebel
1 **Stück** Ingwer (ca. 2 cm)
2 Karotten
2 rote Paprika
1/2 **Bund** Frühlingszwiebeln
1 Knoblauchzehe
100 g Bambussprossen
(Konserve)
240 g Hähnchenbrustfilet
2 TL Sesamöl
(ersatzweise Pflanzenöl)
Salz
Pfeffer
1 TL Currypulver
100 g trockene Mie-Nudeln
2 EL Sojasauce
1/2 TL Sambal Oelek

1956 kJ
468 kcal

1. Zwiebel, Ingwer und Karotten schälen. Paprika und Frühlingszwiebeln waschen. Zwiebel mit Frühlingszwiebeln in Ringe schneiden. Ingwer fein reiben und Knoblauch fein würfeln. Karotten in Stifte schneiden. Paprika entkernen und in Streifen schneiden. Bambussprossen abtropfen lassen. Hähnchenbrustfilet abspülen, trocken tupfen und in Streifen schneiden.

2. Öl in einem Wok erhitzen, Hähnchenbruststreifen und Ingwer darin ca. 3–5 Minuten rundherum anbraten, mit Salz, Pfeffer und Currypulver würzen und herausnehmen. Zwiebelringe und Knoblauch im Bratensatz kurz anbraten. Bambussprossen, Karottenstifte, Frühlingszwiebelringe und Paprikastreifen dazugeben und ca. 5 Minuten mitbraten.

3. Nudeln nach Packungsanweisung in Salzwasser garen und abgießen. Hähnchenbruststreifen und Nudeln zum Gemüse geben und ca. 2–3 Minuten mitbraten. Bami Goreng mit Salz, Pfeffer, Sojasauce und Sambal Oelek würzen und servieren.

Tofu-Gemüse-Wok

Fertig in: 20 Minuten
Davon aktiv: 15 Minuten

Für 1 Person:
100 g Räuchertofu
50 g trockene Glasnudeln
1 TL Pflanzenöl
250 g Asia-Gemüse (TK)
150 ml Tomatensaft
3 EL Sojasauce
1 Msp. Chilipulver
1 TL gehackter Koriander

 pro Person | 2010 kJ
481 kcal

1. Tofu in Würfel schneiden. Nudeln nach Packungsanweisung zubereiten. Öl in einem Wok erhitzen und Tofuwürfel darin ca. 2–3 Minuten rundherum anbraten. Asia-Gemüse dazugeben und ca. 5 Minuten dünsten.

2. Gemüse-Tofu-Mischung mit Tomatensaft ablöschen. Nudeln abgießen, unter die Sauce heben und kurz erwärmen. Tofu-Gemüse-Wok mit Sojasauce und Chilipulver würzen und mit Koriander bestreut servieren.

Räuchertofu ist ...

... durch seine rauchige Geschmacksnote aromatischer als normaler Tofu.

Orientalischer Couscous mit Kalbfleisch

Fertig in: 35 Minuten
Davon aktiv: 25 Minuten

Für 2 Personen:
125 g Magermilchjoghurt
1 TL gehackte Minze
einige Tropfen Zitronensaft
Salz
Pfeffer
500 g Broccoli
240 g Kalbsschnitzel
1 EL Mandelblättchen
2 TL Pflanzenöl
350 ml Gemüsebrühe
(1 TL Instantpulver)
1/2 TL Kreuzkümmel
1/4 TL Kardamom
1/4 TL gemahlener Koriander
1 Prise Zimtpulver
100 g trockener Couscous
2 getrocknete Datteln ohne Stein

1. Für den Dip Joghurt mit Minze und Zitronensaft verrühren und mit Salz und Pfeffer abschmecken. Broccoli waschen und in kleine Röschen teilen. Kalbsschnitzel trocken tupfen und in Streifen schneiden. Mandelblättchen fettfrei in einem Wok rösten und herausnehmen. Öl im Wok erhitzen, Kalbsstreifen darin ca. 3 Minuten rundherum anbraten, salzen, pfeffern und herausnehmen. Broccoliröschen im Bratensatz ca. 1–2 Minuten anbraten.

2. Mit Brühe ablöschen, mit Kreuzkümmel, Kardamom, Koriander und Zimtpulver würzen und ca. 13–15 Minuten köcheln lassen. Couscous ca. 4 Minuten vor Ende der Garzeit einrühren und quellen lassen. Datteln hacken, mit Kalbsstreifen unter den Couscous heben und ca. 1–2 Minuten erwärmen. Mit Salz und Pfeffer abschmecken, mit Mandelblättchen bestreuen und zum Dip servieren.

pro Person | 2115 kJ
11 ProPoints Wert | 506 kcal

Tandooriwok mit Pute

Fertig in: 30 Minuten
Davon aktiv: 25 Minuten

Für 2 Personen:
240 g Putenschnitzel
2 TL Tandooriwürzmischung
4 EL fettarmer Joghurt
500 g grüner Spargel
(frisch oder TK)
1/4 Ananas
1 TL Pflanzenöl
Salz
Pfeffer
125 ml Gemüsebrühe
(1/2 TL Instantpulver)
1 Packung Basmati Express-Reis
(250 g)
1/2 TL Kreuzkümmel
1 TL Paprikapulver

pro Person
2132 kJ
510 kcal

1. Putenschnitzel abspülen, trocken tupfen und in Streifen schneiden. Für die Marinade Tandooriwürzmischung mit Joghurt verrühren. Marinade und Putenstreifen in einen Gefrierbeutel geben, gut verkneten und im Kühlschrank ca. 10 Minuten marinieren. Spargel waschen, das untere Drittel schälen und Spargel in mundgerechte Stücke schneiden. TK-Spargel gegebenenfalls auftauen lassen. Ananas schälen, den Strunk entfernen und Ananas würfeln.

2. Putenstreifen abtropfen lassen. Öl in einem Wok erhitzen, Putenstreifen darin ca. 3–5 Minuten rundherum anbraten, salzen, pfeffern und herausnehmen. Spargelstücke im Bratensatz ca. 2–3 Minuten anbraten und mit Brühe ablöschen. Reis dazugeben, mit Kreuzkümmel und Paprikapulver würzen und ca. 2–3 Minuten garen.

3. Putenstreifen und Ananaswürfel unterheben und kurz erwärmen. Tandooriwok mit Salz und Pfeffer abschmecken und nach Wunsch mit glatter Petersilie garniert servieren.

Hähnchenwok mit Aprikosen

Fertig in: 35 Minuten
Davon aktiv: 30 Minuten

Für 2 Personen:
100 g trockener Basmatireis
Salz
1 rote Zwiebel
1 Stück Ingwer (ca. 3 cm)
1 kleiner Spitzkohl (ca. 500 g)
4 Aprikosen
240 g Hähnchenbrustfilet
10 Cashewnüsse
2 TL Erdnussöl
(ersatzweise Pflanzenöl)
Pfeffer
einige Stängel Thaibasilikum
1 Msp. Chilipulver
1 Prise Zucker
2 EL Orangensaft
2–3 EL Sojasauce
1 EL Weißweinessig

pro Person

2144 kJ
513 kcal

1. Reis nach Packungsanweisung in Salzwasser garen. Zwiebel und Ingwer schälen. Zwiebel in Spalten schneiden und Ingwer fein reiben. Spitzkohl putzen, vierteln, den Strunk entfernen und Kohl in Streifen schneiden. Aprikosen waschen, halbieren, die Steine entfernen und Aprikosen in Spalten schneiden. Hähnchenbrustfilet abspülen, trocken tupfen und in Stücke schneiden.

2. Cashewnüsse grob hacken, fettfrei in einem Wok rösten und herausnehmen. Öl im Wok erhitzen, Hähnchenbruststücke darin ca. 3–4 Minuten rundherum anbraten, salzen, pfeffern und herausnehmen. Zwiebelspalten mit Ingwer im Bratensatz kurz andünsten. Spitzkohlstreifen zufügen und ca. 6–8 Minuten braten.

3. Thaibasilikum waschen, trocken schütteln und Blätter abzupfen. Gemüse mit Chilipulver und Zucker würzen und mit Orangensaft, Sojasauce und Essig ablöschen. Hähnchenbruststücke und Aprikosenspalten unterheben und kurz erwärmen. Reis unter den Hähnchenwok heben und mit Cashewnüssen und Thaibasilikum bestreut servieren.

Außerhalb der Saison …

… können Sie die Aprikosen durch eine kleine Mango in Würfeln ersetzen. Der *ProPoints*® Wert pro Person ändert sich nicht.

Nasi Goreng

Fertig in: 30 Minuten
Davon aktiv: 25 Minuten

Für 2 Personen:
120 g trockener Langkornreis
Salz
1 Gemüsezwiebel
200 g Mungobohnensprossen
1 Stange Staudensellerie
1 Stange Lauch
240 g Schweine-Minutenschnitzel
2 TL Pflanzenöl
Pfeffer
4 EL Sojasauce
1/4 TL Kurkuma
1 TL Paprikapulver
1/2 TL Currypulver
1 Msp. Kardamom
1 TL Limettensaft

 2186 kJ
523 kcal

1. Reis nach Packungsanweisung in Salzwasser garen. Zwiebel schälen und in Spalten schneiden. Mungobohnensprossen, Sellerie und Lauch waschen. Mungobohnensprossen abtropfen lassen. Sellerie in Scheiben und Lauch in Ringe schneiden. Schweine-schnitzel trocken tupfen und in Streifen schneiden.

2. Öl in einem Wok erhitzen, Schnitzelstreifen darin ca. 3–4 Minuten rundherum anbraten, salzen, pfeffern und herausnehmen. Zwiebel-spalten, Selleriescheiben und Lauchringe im Bratensatz ca. 4–5 Minuten braten und mit Soja-sauce ablöschen.

3. Mungobohnensprossen unter das Gemüse heben und mit Kurkuma, Paprika-, Currypulver, Kardamom und Limettensaft würzen. Schnitzelstreifen und Reis dazugeben und kurz erwärmen. Nasi Goreng mit Salz und Pfeffer abschmecken und nach Wunsch mit rosa Pfefferbeeren und Koriander garniert servieren.

Wenn Sie keine Zeit zum Kochen haben, ...

... dann probieren Sie das asiatische Chop Suey von **Weight Watchers**.

Rindfleisch süß-sauer

Fertig in: 35 Minuten
Davon aktiv: 30 Minuten

Für 2 Personen:
300 g Rindersteak
2 EL Sojasauce
1 Chinakohl (ca. 500 g)
1 reife Mango
1 TL Honig
1 EL Zitronensaft
2 Msp. Chiliflocken
1 TL Currypulver
80 g trockene Mie-Nudeln
Salz
2 TL Pflanzenöl
Pfeffer
2 TL Tomatenmark

pro Person | 1977 kJ
473 kcal

1. Rindersteak trocken tupfen und in Streifen schneiden. Sojasauce mit Steakstreifen in einen Gefrierbeutel geben, gut verkneten und im Kühlschrank ca. 10 Minuten marinieren. Chinakohl waschen, Boden samt Strunk entfernen und Kohl in Streifen schneiden. Mango schälen, das Fruchtfleisch vom Stein schneiden und die Hälfte des Fruchtfleisches würfeln. Restliche Mango pürieren und mit Honig, Zitronensaft, Chiliflocken und Currypulver würzen.

2. Nudeln nach Packungsanweisung in Salzwasser garen. Öl in einem Wok erhitzen, Steakstreifen darin ca. 2–3 Minuten rundherum anbraten, salzen, pfeffern und herausnehmen. Tomatenmark im Bratensatz kurz anschwitzen, Kohlstreifen dazugeben und ca. 4–5 Minuten braten.

3. Nudeln abgießen, mit Steakstreifen, Mangopüree und -würfeln unter die Kohlstreifen heben und kurz erwärmen. Rindfleisch süß-sauer mit Salz abschmecken und nach Wunsch mit Koriander bestreut servieren.

Gemüse-Erdnuss-Wok mit Hähnchen

Fertig in: 40 Minuten
Davon aktiv: 35 Minuten

Für 2 Personen:
1 Zwiebel
1 Chinakohl (ca. 400 g)
3 Karotten
240 g Hähnchenbrustfilet
80 g trockener Basmatireis
Salz
1 TL Sesamöl
(ersatzweise Pflanzenöl)
Pfeffer
2 EL Kokosmilch light
150 ml Gemüsebrühe
(1/2 TL Instantpulver)
3 TL Erdnusscreme
2 TL Sojasauce
2 TL gehackte Petersilie
1 EL Erdnüsse

1. Zwiebel schälen und in Würfel schneiden. Chinakohl waschen, Boden samt Strunk entfernen und Kohl in Streifen schneiden. Karotten schälen und in Scheiben hobeln. Hähnchenbrustfilet abspülen, trocken tupfen und in Streifen schneiden. Reis nach Packungsanweisung in Salzwasser garen.

2. Öl in einem Wok erhitzen, Hähnchenbruststreifen darin ca. 3–4 Minuten rundherum anbraten, salzen, pfeffern und herausnehmen. Zwiebelwürfel und Karottenscheiben im Bratensatz ca. 4–5 Minuten anbraten. Kohlstreifen unterheben, mit Kokosmilch und Brühe ablöschen, Erdnusscreme darin verrühren und ca. 5 Minuten köcheln lassen.

3. Hähnchenbruststreifen unterheben, mit Sojasauce würzen und kurz erwärmen. Gemüse-Erdnuss-Wok mit Petersilie und Erdnüssen bestreuen und mit Reis servieren.

 pro Person

2069 kJ
495 kcal

Glasnudelwok mit Broccoli

Fertig in: 30 Minuten
Davon aktiv: 25 Minuten

Für 2 Personen:
500 g Broccoli
1 Zwiebel
1 Glas Tomatenpaprikastreifen
(165 g Abtropfgewicht)
2 EL Paprikasud
240 g Schweineschnitzel
100 g trockene Glasnudeln
1 TL Pflanzenöl
75 ml Gemüsebrühe
(1/2 TL Instantpulver)
2 EL Sojasauce
3 EL süßsaure Sauce
Salz
Pfeffer
5 gehackte Cashewnüsse

 pro Person
10 ProPoints Wert

2035 kJ
487 kcal

1. Broccoli waschen und in kleine Röschen teilen. Zwiebel schälen und in Spalten schneiden. Paprikastreifen abtropfen lassen und Sud dabei auffangen. Schweineschnitzel trocken tupfen und in Streifen schneiden. Nudeln nach Packungsanweisung zubereiten.

2. Öl in einem Wok erhitzen, Schnitzelstreifen darin ca. 3–5 Minuten rundherum anbraten und herausnehmen. Broccoliröschen und Zwiebelspalten im Bratensatz ca. 5–7 Minuten anbraten und mit Brühe und Sojasauce ablöschen. Nudeln abgießen.

3. Süßsaure Sauce und Paprikasud zum Gemüse geben und ca. 2–3 Minuten köcheln lassen. Paprika-, Schnitzelstreifen und Nudeln unterheben und kurz erwärmen. Glasnudelwok mit Salz und Pfeffer abschmecken und mit Cashewnüssen bestreut servieren.

Für eine vegetarische Variante ...

... ersetzen Sie die Schweineschnitzel durch 80 g Sojaschnetzel, die Sie nach Packungsanweisung zubereiten und mit den Nudeln unterheben. Der *ProPoints*® Wert pro Person erhöht sich auf 11 (2197 kJ / 504 kcal).

Kürbis-Curry-Wok

Fertig in: 30 Minuten
Davon aktiv: 20 Minuten

Für 2 Personen:
400 g Kürbis
(z.B. Butternut)
2 Schalotten
2 Zucchini
1 TL Pflanzenöl
1 EL gelbe Currypaste
450 ml Gemüsebrühe
(2 TL Instantpulver)
120 g trockener Bulgur
3 EL Cremefine zum Kochen,
7 % Fett
Salz
Pfeffer
1/2 TL Kreuzkümmel
1/2 TL Paprikapulver

1. Kürbis und Schalotten schälen, Zucchini waschen und mit Kürbis und Schalotten in Würfel schneiden.

2. Öl in einem Wok erhitzen und Currypaste darin kurz anbraten. Kürbis-, Zucchini- und Schalottenwürfel dazugeben und ca. 3–5 Minuten mitbraten. Mit Brühe ablöschen, Bulgur dazugeben und unter gelegentlichem Rühren ca. 10–12 Minuten garen.

3. Kürbis-Curry-Wok mit Cremefine verfeinern. Mit Salz, Pfeffer, Kreuzkümmel und Paprikapulver würzen und nach Wunsch mit glatter Petersilie bestreut servieren.

pro Person

1597 kJ
382 kcal

Wenn es schneller gehen soll, ...
... nehmen Sie statt Butternutkürbis einfach Hokkaidokürbis. Dieser muss nicht geschält werden.

Teriyaki-Nudel-Wok mit Garnelen

Fertig in: 30 Minuten
Davon aktiv: 20 Minuten

Für 2 Personen:
250 g küchenfertige Garnelen
4 EL Teriyakisauce
300 g Zuckererbsenschoten
1/2 Bund Frühlingszwiebeln
2 Karotten
1 TL Pflanzenöl
300 ml Gemüsebrühe
(1 TL Instantpulver)
120 g trockene Mie-Nudeln
Salz
2 Msp. Chiliflocken

 pro Person
2115 kJ
506 kcal

1. Garnelen abspülen und trocken tupfen. 2 Esslöffel Teriyakisauce mit Garnelen in einen Gefrierbeutel geben, vorsichtig vermischen und im Kühlschrank ca. 15 Minuten marinieren. Zuckererbsenschoten und Frühlingszwiebeln waschen. Zuckererbsenschoten halbieren und Frühlingszwiebeln in Ringe schneiden. Karotten schälen und in Stifte schneiden.

2. Garnelen abtropfen lassen. Öl in einem Wok erhitzen, Garnelen darin ca. 2–3 Minuten rundherum anbraten und herausnehmen.

3. Zuckererbsenschotenhälften mit Karottenstiften im Bratensatz ca. 2–3 Minuten anbraten und mit Brühe ablöschen. Nudeln dazugeben und ca. 5 Minuten garen. Garnelen und Frühlingszwiebelringe unterheben und kurz erwärmen. Teriyaki-Nudel-Wok mit restlicher Teriyakisauce, Salz und Chiliflocken würzen und servieren.

Shiitakewok mit Rind

Fertig in: 40 Minuten
Davon aktiv: 30 Minuten

Für 2 Personen:
1 rote Zwiebel
2 gelbe Paprika
1 rote Paprika
100 g Champignons
200 g Shiitakepilze
240 g Rinderfilet
1 TL Pflanzenöl
Salz
Pfeffer
1 Msp. Chilipulver
400 ml Gemüsebrühe
(2 TL Instantpulver)
2 EL Teriyakisauce
100 g trockene Mie-Nudeln
1 TL Sesam
1 TL gehackter Koriander

1. Zwiebel schälen und in Spalten schneiden. Paprika waschen, entkernen und in Streifen schneiden. Pilze trocken abreiben und gegebenenfalls halbieren. Rinderfilet trocken tupfen und in Streifen schneiden.

2. Öl in einem Wok erhitzen, Filetstreifen darin ca. 3 Minuten rundherum anbraten, mit Salz, Pfeffer und Chilipulver würzen und herausnehmen. Zwiebelspalten, Paprikastreifen und Pilze im Bratensatz ca. 3–5 Minuten andünsten. Mit Brühe und Teriyakisauce ablöschen und ca. 5 Minuten köcheln lassen. Nudeln dazugeben und unter Rühren ca. 10 Minuten garen. Filetstreifen unterheben und kurz erwärmen. Shiitakewok mit Salz und Pfeffer abschmecken und mit Sesam und Koriander bestreut servieren.

pro Person

10 ProPoints Wert

2274 kJ
544 kcal

Wokgemüse mit Drillingen

Fertig in: 40 Minuten
Davon aktiv: 35 Minuten

Für 2 Personen:
500 g Drillinge (kleine Kartoffeln)
250 g Broccoliröschen
100 g Zuckererbsenschoten
1/2 Bund Frühlingszwiebeln
Salz
3 Karotten
100 g Frischkäse,
bis 1 % Fett absolut
1–2 EL Gemüsebrühe
(1 Prise Instantpulver)
1 TL gehackte Petersilie
1 TL gehackter Kerbel
Pfeffer
2 TL Pflanzenöl
1 TL Paprikapulver
1 Msp. Cayennepfeffer

1. Kartoffeln, Broccoliröschen, Zuckererbsenschoten und Frühlingszwiebeln waschen. Kartoffeln mit Schale in Salzwasser ca. 15 Minuten garen. Karotten schälen, längs halbieren und in Scheiben schneiden. Zuckererbsenschoten schräg halbieren. Frühlingszwiebeln in Ringe schneiden. Broccoliröschen kleiner schneiden. Für den Dip Frischkäse mit Brühe, Petersilie und Kerbel verrühren und mit Salz und Pfeffer abschmecken. Kartoffeln abgießen und halbieren.

2. Öl in einem Wok erhitzen und Kartoffelhälften mit Karottenscheiben und Broccoliröschen darin ca. 10 Minuten braten. Zuckererbsenschotenhälften und Frühlingszwiebelringe dazugeben, mit Paprikapulver und Cayennepfeffer würzen und ca. 5 Minuten mitbraten. Wokgemüse mit Salz und Pfeffer abschmecken, nach Wunsch mit Thymian garnieren und mit Dip servieren.

pro Person
7 ProPoints Wert

1506 kJ
360 kcal

Hähnchencouscous mit Pflaumen

Fertig in: 30 Minuten
Davon aktiv: 20 Minuten

Für 2 Personen:
4 Karotten
1 Zwiebel
200 g Hähnchenbrustfilet
1 TL Pflanzenöl
Salz
1 Msp. Chilipulver
1 TL Paprikapulver
300 ml Gemüsebrühe (1 TL Instantpulver)
Pfeffer
1 Msp. Kardamom
1/2 TL Kurkuma
100 g Erbsen (TK)
100 g trockener Couscous
50 g getrocknete Pflaumen
einige Blätter Minze

1. Karotten und Zwiebel schälen und würfeln. Hähnchenbrustfilet abspülen, trocken tupfen und in Würfel schneiden. Öl in einem Wok erhitzen, Hähnchenbrustwürfel darin ca. 3–4 Minuten rundherum anbraten, mit Salz, Chili- und Paprikapulver würzen und herausnehmen.

2. Karotten- und Zwiebelwürfel im Bratensatz kurz anbraten. Mit Brühe ablöschen, mit Salz, Pfeffer, Kardamom und Kurkuma würzen und ca. 10 Minuten köcheln lassen. Erbsen und Couscous nach ca. 5 Minuten unterheben und mitgaren. Pflaumen hacken, mit Hähnchenbrustwürfeln unter den Couscous heben und kurz erwärmen. Minze waschen und trocken schütteln. Hähnchencouscous mit Salz und Pfeffer abschmecken und mit Minze bestreut servieren.

 1889 kJ
452 kcal

Ananas-Kokos-Wok mit Hähnchen

Fertig in: 30 Minuten
Davon aktiv: 25 Minuten

Für 2 Personen:
2 Stangen Lauch
1 kleine rote Chilischote
1 Zwiebel
1/4 Ananas
200 g Hähnchenbrustfilet
100 g trockener Basmatireis
Salz
2 TL Erdnussöl (ersatzweise Pflanzenöl)
2 EL Currypulver
125 ml Kokosmilch light
125 ml Gemüsebrühe (1/2 TL Instantpulver)
1 EL Limettensaft
Pfeffer

1. Lauch waschen. Chilischote waschen und entkernen. Zwiebel schälen und mit Lauch und Chilischote in Ringe schneiden. Ananas schälen, den Strunk entfernen und Ananas würfeln. Hähnchenbrustfilet abspülen, trocken tupfen und in Streifen schneiden. Reis nach Packungsanweisung in Salzwasser garen.

2. Öl in einem Wok erhitzen und Hähnchenbruststreifen darin ca. 3–4 Minuten rundherum anbraten. Zwiebel-, Chili-, Lauchringe und Ananaswürfel dazugeben, mit Currypulver würzen und ca. 1–2 Minuten mitbraten. Mit Kokosmilch, Brühe und Limettensaft ablöschen und ca. 5 Minuten köcheln lassen. Ananas-Kokos-Wok mit Salz und Pfeffer abschmecken, nach Wunsch mit Koriander garnieren und mit Reis servieren.

 2312 kJ
553 kcal

Auberginen

Mediterrane Gemüsepfanne	28

Bambussprossen

Bami Goreng mit Hähnchen	78
Gebratene Gemüsenudeln	69
Schweinefleisch süß-sauer	73

Blumenkohl

Gemüsepilaw mit Tatar	8
Hähnchen-Garnelen-Pfanne	48
Zander mit Blumenkohl	15

Bohnen

Chili-con-Carne-Pfanne	16
Paella mit Hähnchen und Meeresfrüchten	39
Steakpfanne mit Süßkartoffeln	47

Broccoli

Glasnudelwok mit Broccoli	94
Orientalischer Couscous mit Kalbfleisch	82
Wokgemüse mit Drillingen	102

Bulgur & Couscous

Hähnchencouscous mit Pflaumen	105
Kürbis-Couscous-Pfanne mit Ente	31
Kürbis-Curry-Wok	97
Orientalischer Couscous mit Kalbfleisch	82
Puten-Mango-Pfanne mit Tomatensalat	23

Fisch & Meeresfrüchte

Chili-Tomaten-Nudeln mit Gambas	77
Forellenfilets mit Orangenfenchel	40
Garnelen mit Spinat	66
Hähnchen-Garnelen-Pfanne	48
Kokoswok mit Pangasius	69
Orangen-Lachs-Pfanne	44
Paella mit Hähnchen und Meeresfrüchten	39
Schollenröllchen auf Mangoldreis	52
Teriyaki-Nudel-Wok mit Garnelen	98
Zander mit Blumenkohl	15

Geflügel

Ananas-Kokos-Wok mit Hähnchen	105
Asiawok mit Mie-Nudeln	61
Bami Goreng mit Hähnchen	78
Ente süß-sauer	62

Gemüse-Erdnuss-Wok mit Hähnchen	93
Hähnchencouscous mit Pflaumen	105
Hähnchen-Garnelen-Pfanne	48
Hähnchenwok mit Aprikosen	86
Hähnchenwok mit Mungobohnen-sprossen	58
Kürbis-Couscous-Pfanne mit Ente	31
Paella mit Hähnchen und Meeresfrüchten	39
Puten-Ananas-Curry mit Zuckerschoten	74
Putengyrospfanne mit Spitzkohl	19
Puten-Mango-Pfanne mit Tomatensalat	23
Tandooriwok mit Pute	85
Zucchinipfanne mit Zitronenhähnchen	12

Kalb

Orientalischer Couscous mit Kalbfleisch	82

Karotten

Bami Goreng mit Hähnchen	78
Bunte Zitronentagliatelle	20
Gemüse-Erdnuss-Wok mit Hähnchen	93
Gemüsepilaw mit Tatar	8
Hähnchencouscous mit Pflaumen	105
Hähnchenwok mit Mungobohnen-sprossen	58
Schweinefleisch süß-sauer	73
Teriyaki-Nudel-Wok mit Garnelen	98
Wokgemüse mit Drillingen	102

Kartoffeln

Rotkohl-Schnitzel-Pfanne mit Apfel	11
Steakpfanne mit Süßkartoffeln	47
Wokgemüse mit Drillingen	102
Zucchinipfanne mit Zitronenhähnchen	12

Kohl

Gebratene Gemüsenudeln	69
Gemüse-Erdnuss-Wok mit Hähnchen	93
Hähnchenwok mit Aprikosen	86
Putengyrospfanne mit Spitzkohl	19
Rindfleisch süß-sauer	90
Rotkohl-Schnitzel-Pfanne mit Apfel	11

Kürbis

Kürbis-Couscous-Pfanne mit Ente	31
Kürbis-Curry-Wok	97

Nasi Goreng	89
Orangen-Lachs-Pfanne	44
Paella mit Hähnchen und Meeresfrüchten	39
Puten-Ananas-Curry mit Zuckerschoten	74
Putengyrospfanne mit Spitzkohl	19
Schollenröllchen auf Mangoldreis	52
Schweinefleisch süß-sauer	73
Tandooriwok mit Pute	85

Rind & Tatar

Chili-con-Carne-Pfanne	16
Chilirindfleisch mit Pak Choi	65
Chinapfanne mit Pilzen	35
Gemüsepilaw mit Tatar	8
Hackbällchenpfanne Toscana	24
Hack-Feta-Pfanne	43
Rinderfiletpfanne mit Waldpilzen	27
Rindfleisch süß-sauer	90
Shiitakewok mit Rind	101
Steakpfanne mit Süßkartoffeln	47

Schupfnudeln

Sauerkraut-Kasseler-Pfanne	36

Schweinefleisch

Asiatisches Gemüse mit Schwein	70
Geschnetzeltes mit Champignons	55
Glasnudelwok mit Broccoli	94
Nasi Goreng	89
Rotkohl-Schnitzel-Pfanne mit Apfel	11
Sauerkraut-Kasseler-Pfanne	36
Schnitzel-Lauch-Pfanne	51
Schweinefleisch süß-sauer	73

Sellerie

Nasi Goreng	89
Nudelpfanne mit Pestocreme	19
Steakpfanne mit Süßkartoffeln	47

Spargel

Tandooriwok mit Pute	85

Spinat

Garnelen mit Spinat	66

Tofu

Tofu-Gemüse-Wok	81

Tomaten

Bunte Zitronentagliatelle	20
Chili-con-Carne-Pfanne	16
Chili-Tomaten-Nudeln mit Gambas	77
Hackbällchenpfanne Toscana	24
Mediterrane Gemüsepfanne	28
Nudelpfanne mit Pestocreme	19
Puten-Mango-Pfanne mit Tomatensalat	23

Zucchini

Bunte Zitronentagliatelle	20
Kürbis-Curry-Wok	97
Lammpilaw mit Datteln	32
Mediterrane Gemüsepfanne	28
Zucchinipfanne mit Zitronenhähnchen	12

Zuckererbsenschoten

Hähnchen-Garnelen-Pfanne	48
Kokoswok mit Pangasius	69
Puten-Ananas-Curry mit Zuckerschoten	74
Teriyaki-Nudel-Wok mit Garnelen	98
Wokgemüse mit Drillingen	102

Vegetarisch

Bunte Zitronentagliatelle	20
Gebratene Gemüsenudeln	69
Kürbis-Curry-Wok	97
Mediterrane Gemüsepfanne	28
Nudelpfanne mit Pestocreme	19
Tofu-Gemüse-Wok	81
Wokgemüse mit Drillingen	102

Ein schlanker Auftritt!

Als Theaterpädagogin setzt Sarah auf Kreativität. Auch bei Weight Watchers kann sie ihrer Fantasie freien Lauf lassen – und zwar beim Zubereiten leckerer schlanker Gerichte. Vorhang auf für ihre Erfolgsgeschichte:

Kennen Sie schon die Salattorte oder auch das Rezept für die originellen Cake Lollies (Kuchen am Stiel)? Die 35-Jährige freiberufliche Theaterpädagogin ist ein Fan der Inszenierung von Gerichten: „Ich liebe es, etwas Neues auszuprobieren, und experimentiere gerne. Die Rezepte aus den Weight Watchers Kochbüchern inspirieren mich dabei immer wieder zu eigenen Kreationen."

Im Frühjahr 2010 besuchte sie ihr erstes Treffen, bis 2012 verlor sie 18 Kilo: „Wenn mir jemand beim Start gesagt hätte, dass ich dazu zwei Jahre brauche, hätte ich vielleicht gar nicht angefangen. Aber ich habe in der ganzen Zeit nichts vermisst, und so war es wirklich leicht, dabeizubleiben – bis heute." Anders als bei den klassischen Diäten, die Sarah zuvor durchprobiert hatte. Ob Trennkost, Fasten oder Eiweiß-Diät – alles half eine Zeit lang, nichts dauerhaft. Ein Grund: Die Theaterpädagogin ist für ihre Projekte und Moderationen viel auf Reisen. „Wenn wir dann abends mit dem Team zum Chinesen oder zum Italiener gegangen sind, warf das alle Diätpläne über den Haufen", berichtet Sarah. Mit Weight Watchers dagegen konnte sie im Rahmen ihres ProPoints Budgets alles essen – und wurde so viel gelassener.

Diese Flexibilität ist für Sarah aber nur die eine Seite der Medaille, Organisation die andere. „Spontaneität ist Teil meines Naturells und meines Jobs, aber eine gute Planung ist bei der Ernährung eben auch wichtig." Wie schafft sie es, die Zeit vom Frühstück im Hotel bis zum Abendessen im Restaurant zu überbrücken? Heute weiß sie, dass sie sich auf ihr vorbereitetes Vollkornbrot mit Tomate und Gurke freuen kann, und lässt die Backwaren links liegen. Viele Tipps und Tricks beherzigt Sarah den ganzen Tag über: Beim Frühstücksbuffet im Hotel greift sie immer zuerst zum Obstsalat, abends im Restaurant bestellt sie die leichteren Gerichte – beim Italiener beispielsweise Pasta all'arrabiata statt Pizza Salami.

Seit mehr als einem Jahr hält Sarah ihr Gewicht und ist super zufrieden. Egal ob im Lässig-Look mit Jeans und Strickjacke oder elegant mit Blazer, schmaler Hose, schicker Schuhe – Sarah setzt ihre schlanke Figur gekonnt in Szene.

Keine Frage: Von uns gibt es für ihre ganze Erfolgsgeschichte „standing ovations"!

Wenn Sie wie Sarah durchstarten möchten, schauen Sie bei einem Weight Watchers Treffen in Ihrer Nähe vorbei:
www.weightwatchers.de/treffenfinden

www.weightwatchers.de/
monatspass

„Meine Lieblingsrezepte aus diesem Kochbuch sind Chili-con-Carne-Pfanne (S. 16) und Garnelen mit Spinat (S. 66)."

Redaktion:
Weight Watchers
Ewa Tacke, Claudia Thienel

Realisierung:
The Food Professionals Köhnen AG, Sprockhövel

Projektleitung:
Silke Höpker, Insa Weißpfennig

Rezepte:
Ingrid Schmand

Versuchsküche:
Alexandra Wittenstein

Fotografie:
Klaus Arras, Dirk Przibylla, Stefan Schulte-Ladbeck
Thinkstock (Seiten 2-6, 56)

Foodstyling:
Katja Briol, Stefan Mungenast, Christa Schraa

Gestaltungskonzept und Grafik:
The Food Professionals Köhnen AG, Sprockhövel
Petra Penker

Druck:
Paffrath Print & Medien GmbH, Remscheid

1. Auflage 2014

ISBN 978-3-9816174-0-5

Info-Hotline 01802-23 45 64* (Deutschland)
www.weightwatchers.de

*0,06 €/Anruf aus dem deutschen Festnetz. Mobilfunk höchstens 0,42 €/Minute.

PEFC zertifiziert
Dieses Papier stammt aus nachhaltig bewirtschafteten Wäldern
und kontrollierten Quellen.

www.pefc.de